'Fascinatingly complex, audacious and at times brain-poppingly clever work.'
NEIL COOPER, *Herald Scotland*

'Sharp's words take you to an otherworldly place.'
LAURA DAVIS, *Liverpool Daily Post*

Rebecca Joy Sharp was born in 1979 in Glasgow. Her writing for theatre has received several professional productions in Glasgow, New York City and in Liverpool, where she has been based since 2004. Her work in poetry and prose can be seen through a series of acclaimed projects, at times incorporating other art-forms and in collaboration with other artists.

www.rebeccajoysharp.com

OTHER WORK AVAILABLE:

The Tiger Act (Roncadora, 2012),
book & artist-made editions by Hugh Bryden

Whale Song (2012),
text & illustrations, with Gill Smith

The Ballad of Juniper Davy and Sonny Lumière (Spike, Liverpool 2010),
book & CD, illustrations by Elizabeth Willow

The Clearing (Gruenrekorder, 2010),
CD/MP3/WAV, with Simon Whetham

Fathoming: setting poetry to silk (2010),
poetry & silk series, with Eva Fulinova / Tinctory

The Mystery Workshop (2009),
CD, original harp & spoken-word compositions

Little Forks also exists as a live literature performance (with English and Gaelic versions), co-directed by Rebecca Joy Sharp and Neil Doherty. The first performance was at the Scottish Storytelling Centre in Edinburgh in November 2012, with the text read by Rebecca Joy Sharp and Alan McKendrick in English; and by Gillebride MacMillan and Linda MacLeod in Gaelic. The project's development and performances were supported by Creative Scotland.

www.thisislittleforks.wordpress.com

ACKNOWLEDGEMENTS

The author gratefully acknowledges the support of the Gaelic Books Council in awarding a grant for the translation of the text into Gaelic, making it possible to create this book and to offer a Gaelic version of the performance - particular thanks to Mairi MacCuish for support and advice in this process. Also to acknowledge the support of Creative Scotland in funding the performances. Thanks to Gillebride MacMillan for capturing the spirit of the text in the translation; and to Andrea Fisher de Cuba for the amazing cover image. Thanks to everyone else who has supported *Little Forks* along the way.

'This is beautiful, lyrical work that raises philosophical and physical questions about the nature of reality, as the boundaries melt between land and sea, the present and the past, between people and animals, in a vision which is perhaps nearer the truth than we know.'

MEG BATEMAN

Little Fork

REBECCA JOY SHARP

Comhairle nan Leabhraichean
The Gaelic Books Council

S φ P

Published by
Souterrain Private Press
www.souterrain-press.com
Flat 1/2, 64 Polwarth Street
Glasgow G12 9TL

Printed by imprint*digital*.net

First edition, October 2012
SP001/1

All rights reserved
© Rebecca Joy Sharp 2012

Rebecca Joy Sharp
is hereby identified as author
of this work in accordance
with the Copyright,
Designs and Patents Act 1988

Cover image © Andrea Fisher de Cuba
- cuboid.zaplife.com/portfolio

Gaelic translation by
Gillebride MacMillan

ISBN 978-0-9573392-0-0

*This book is sold subject to the
condition that it shall not, by way
of trade or otherwise, be lent, resold,
hired out or otherwise circulated
without the publisher's prior consent
in any form of binding or cover other
than that in which it is published and
without a similar condition including
this condition being imposed
on the subsequent purchaser.*

A catalogue record for this book
is available from the British Library.

FOR J.

PREFACE

In *Little Forks* I explore the ways in which we relate memories, sensations and experiences to physical spaces; how time and place are imprinted in our minds. I wanted to reflect the ways we might assemble memories, in the visual presentation of the text: showing past voices in italics, with passages of dialogue as if in a play-text. The way we might replay remembered conversations, images and actions in our minds, from the outside looking in; through fragments, repetition and overlap.

The central theme is duality: brother/sister, past/present, wild/civilised, safety/danger, inside/outside, Highland/Lowland. And divergent paths, choices made; the way each decision or action contains traces of the paths we didn't take. *Little Forks* could be read as a reflection of the Caledonian antisyzygy; the notion of polarity within Scottish history, culture and national psyche. The decision to have the text translated into Gaelic is another, positive representation of this duality. I don't speak Gaelic and probably for that reason have always found it fascinating; at once instinctive and beyond my grasp. Growing up with Gaelic in the landscape (as well as layers of Scots, Pictish and Norse) made the language and the land it referred to seem familiar and mysterious at the same time.

I have always remembered a cottage I went to on family holidays as a child - in Tighnabruaich, part of Argyll's 'secret coast' on the Cowal Peninsula in the South West Highlands of Scotland. There was a prehistoric settlement site in a clearing in the forest near the cottage and a beach, where we used to go exploring. I remember it as a place and time of great adventure and mystery (some imagined). The descriptions of the 'old house' ('home' in the city - Glasgow) are also drawn from my own memories and feelings about those places.

So while the characters and occurrences in *Little Forks* are entirely fictional, nearly all of the details and places in the story are real to me; accented by my own childhood and continued fascinations with the past, inner voices, change in nature, maps, archaeology, ritual and risk.

I had also for a long time wanted to write about a brother/sister relationship and for this reason I dedicate *Little Forks* to my own brother.

RJS
January 2012

What do you yearn after, here at the window?
Something marvelous, something magic,
that makes all secrets vanish.

WILLIAM GOYEN, *The House of Breath*

Little Forks

55° 51' 45.17" N * 5° 15' 41.46" W

1

HECATE

You arrive at the cottage at night, after the drive.

It all comes back to you on the way up there, the lights becoming less frequent, less predictable, less refined. As if they might not be held by a bulb after all. And now the darkness has you - a broad, flat front of dark, which might be peaceful, out there.

You get out of the car to open the gate, have to hitch it up a little to clear the overgrown grass. Then swing. The grass is wet, but not from rain - you wonder if there's another name for dew at night.

The headlights are suddenly terrifying, your own shadow enormous against the cottage in the gloom, smaller than you remember. You wonder if those rumours could be true; if there could be someone else in the car, crouched in the foot-well, behind you the whole time. Get in again, quickly expel the thought as you push the pedal down and drive over the grass. Engine off. Leave the lights on while you open the front door.

The first familiar gust of damp. You have to shoulder the door to scrape it over the carpet - the house has sewn itself up at the edges. You burst the seal and suck in the musty air, an unexpected comfort. Something echoes. Look around - limp pillows, shells on the window-ledge, bookcase of mouldy paperbacks and ancient jigsaws.

Don't stop for too long; get the lights on. Walk through, try to fill the place with something - warmth, breath, sound, light; something your body or maybe your spirit can offer. The papers by the fire are years old.

Keep moving. Unloading the car, you decide that tomorrow you'll try to find the Clearing.

55° 52' 21.65" N * 4° 18' 10.56" W

2
PERIGEE

It's as if we were both truly lost for the first time.

Which house? The house on the hill.

Did you hear us running? Did you hear us minutes before or days, years? Is that what caused you to start, that you knew we were coming? The camber that caused you to turn and slide, the pull of the Clearing, nearer and nearer as we ran through the trees.

And you lay perfectly still, knowing you had only to wait for us both to be found.

· ·

Our bedroom in the cottage: trainers by the door, the floor is strewn with holiday toys.

I wake up anxious for what the day contains - a tyre-swing, picking brambles on the way to the beach. But something in the pit of my stomach tells me there's something out there - bigger and older than I am and probably covered in moss; feathers on a heavy beast.

Mum and Dad have been telling us about the Homestead that's hidden in the forest. The remains of an Iron Age settlement, you can still see in the outlines. I wonder why the people living there would have wanted their houses to be hidden. Dad tells me they weren't always hidden, that the houses fell apart over time and became part of the forest. I ask how the houses fell apart.

"With time and from the weather once the people had gone."

"Why did they go?"

"They got old and died, or they just moved on."

"Was there nobody left?"

Mum tells us stories of how they would have lived then. I ask her did they ever go to the beach. She says the beach probably wasn't there then, at least not in the same place, but much further away.

And now all I can think about is a moveable beach. I have to go there. I decide the clues will be in the shells. What is this debatable shoreline? What happened to the invisible land?

I can't pull my boots on fast enough, but Hecate's whining about finding the Homestead, so we have to do that first.

Dad gets the map out. His finger follows a line from the cottage and I see a stretch of time.

55° 51' 45.17" N * 5° 15' 41.46" W

3
HECATE

In the morning, you make your measures.

Lay the musty map out on the table and marvel that it's still so big, as if it should have altered over time in the cabinet. Should it not still correspond?

Go through to the kitchen - feet cold on the lino, a memory of burnt toast. The plate smoulders under the coffee pot. You turn and look through the window to the back garden. The padlocked shed, broken rope fluttering from the big tree.

Turning back to the pot, you vow this won't take any longer than it has to.

. .

You find the far corner of the field.

This field - that is surrounded by other, almost flat chambers of grass - this one has the shadows and the fallow edge. This is where you go.

Follow the dip down to the corner of the hedgerow, the point where two rows meet at the foot of the slope. It is now the cloakroom in the old house, terraces of dark wool and tweed. You blink in the sunlight, try to justify the distance: it's here and you're already in it. Dusty wax jackets and seasonal boots. You close your eyes, burrow into the rough layers that swing into each other and hold your weight as you fall. Inhale; you're back in the forest.

..

The collection of small bones on the windowsill, brought in from the bracken. Peri's favourite is the sheep's skull, which still sits on top of the shelves in the living room, next to a Tupperware of felt-tips and a small glass bowl of batteries. I prefer the small ones - the voles and mice and birds. The tiny ones that look so much smaller now they're stripped-down. Best of all are the wishbones. There are so many, they have their own special wing of the windowsill; inviting me to pull them apart.

"Merrythought," Dad tells me, and the Latin name - furcula, little fork.

..

PERIGEE

Traipsing back from the beach, my pockets are stuffed full of razor shells - I can't resist the whole ones. I carefully take them out and lay them on the windowsill, among the bones. I can smell the sea on them, on me. As the rain batters the porch window I realise I am still at sea; and that the house is part sea.

The shells are too many and tumble from their pile on the sill to the carpet with a cracking sound. Somewhere a kettle is boiling. Salt rises from my skin.

Under the stairs, under the rain, the cellar, the nook where the suitcases are kept, the hole in the wall that only I know is there and have therefore possibly invented; is where I keep my knife.

55° 53' 02.76" N * 5° 16' 09.44" W

4
HECATE

You can smell the cold - and wood-smoke, maybe, but not from here. Before coming here, smoke was something banned from pubs - or belched from refineries; something that sets off alarms, or a pale whisper from a scented candle. Not this knowing, nourishing smell of human life at night.

Pine trees, old and huge. In the day you would be able to see them, up on the hill or back there, far behind you. Tonight it's just about staying on this dark road and getting to the phone box.

The rumours return. The house on the hill.
> *Which house?*

Up on the hill.
> *But which house?*

You start thinking about murderers and maniacs. City thoughts - are they? So you run - without depth perception or sense of direction - like a drunk, until a yellow glow up ahead gives you something to aim at, so you fix your gaze and try to keep straight.

55° 51' 45.17" N * 5° 16' 41.46" W

5
PERIGEE

It's raining inside the house.

Mum is screaming at me, calling me names, pulling on rubber gloves. I look down at my boots - they're muddy and more than that, but I'm still on the mat. The sound of a crackling fire, Hec turns a toy wheel in the corner.

Dad stands up, stiffens, looks over. "What happened?"
"I don't know."
"What do you mean you don't know?"
Mum's gloves are less yellow as she holds it in her hands.
Dad looks at me again. "What did you do?"
"We found it."
"You found it like this?"
Dad looks over to where Hec is trying to burrow into the carpet. "Hecate? Were you there?"
"Peri found it first." Turn, turn.
Mum makes a sound like a laugh, which Dad ignores.
"And was it already like that when you saw it?"
Hec looks over to Mum's gloves, dripping onto the newspaper. "Yes."

Mum bends down to cover the thing in the paper.
"Well there's nothing to say it was like that when he found it."
"Chrissy, he says he didn't do it."
"Do what?"
My parents both stop and look at me.
Mum speaks softly, warily. "Peri, this isn't just a little bird the cat has brought in. This is the head of a baby deer."
She opens her gloved hands, a small part slops onto the paper. "And what happened to the rest of it? I mean, we come here and you do this - you're just such a townie! What did you do?"
"Nothing! I didn't - "
Hec starts sniffling in the corner. Mum turns, "Hec, did you see what happened?"
She looks at me, red-faced, fingering her wheel. She shakes her head.
Mum looks down again at the paper. Dad goes over and crouches over the head. They think we can't hear them.
"A fawn - ", I say.
They look up, faces flushed from bending over the paper.
"A baby deer is a fawn."

55° 57' 28.97" N * 4° 48' 12.91" W

6
HECATE

The train skims the marshes and the marshes reach out across the bay. Pools have formed on the surface of the ground, yet reach much deeper than that. They seem to panic in the wind. Or is it I who panics at the thought of being stranded, caught adrift between registers? Peri leaping ahead in the distance, waving to me from the safe height of the forest: grounded, or far from it.

The wetland continues urgently, to reach the other side of the bay, rejoin the mainland that it never really left. The islands themselves are pools of land - do they offer any more security, less danger than the fretful marshes? What tells me to be wary of this land and not the other? What makes me yearn to keep Peri close? My older brother planted on the island, where there is also a wall, a house, a forest.

The sodden bay shores up suddenly, springs into the town; takes the form of bricks and rooftops pressing solidly against the sky. There is height here: storeys, dryness. A train station and a knot of winding streets. The train gives no quarter to this junction, but sweeps through the town and past images of Peri, as though we were far from the panic of the marshes.

55° 51' 49.36" N * 5° 16' 07.13" W

7

HECATE

I'm lost. I've been following what I thought were Peri's footsteps, the dash of his jacket through the trees but now I realise I've been staring at the ground and running blind.

I stop in the Clearing and listen: my own breath, the rustle of my raincoat as I turn, looking for Peri. I pull back my hood - the forest opens up and rushes around me. The rich, wet ground expands. Snapping twigs. I turn to see Peri staring at something on the ground.

"The house is that way." Not a house. I mean -
"I mean the Homestead."
He won't look up. "What is it? Peri."
I start up the slope. I creep closer, towards Peri and the shape, taking form.
He has something silver in his hands. I look at the ground.

I see the deer.

I cock my head and admire the musculature. The rounded layers and threads looping over themselves, glinting and strangely ripe. The lines like contours on a map, remind me of planning a walk, kneeling on my chair, following Dad's finger as he names the features of interest - as soon as we go outside I'll forget them. And this surface, red and untold, is inviting me in.

Peri is touching its eye with a stick.
"Do you think it fell? What do you want to do with it?"
He still doesn't answer. I watch him and wonder where his boy-thoughts have taken him. He picks it up a fraction and sets it down again.
"Shall we bury it?"

And Peri says, "Not yet."

..

PERIGEE

I realise that the sky is a roof; and the rain also offers shelter - I go out and stand there, hide in it. Feel the sharpness of the front step under my bare toes, the strangeness of it.

Outside, this place is made of rain, made of night, is a body breathing and slowly turning over, blanketing me in silence, not-silence. There is a forest in the sky above the cottage. We were there yesterday. I look up to see it tipping down upon us. The fallen leaves in the garden are a warning, floating on the surface of the grass. The garden is a sea of blackening water. The land is closing in around the cottage; the lights in the windows look out.

55° 52' 31.92" N * 4° 17' 58.43" W

PERIGEE (reading): *"Nevertheless these shall ye not eat of them that chew the cud, or of them that divide the hoof -"*

HECATE: *Divide the hoof!*

PERIGEE: *"- as the camel, because he cheweth the cud, but divideth not the hoof; he is unclean unto you."*

HECATE: *And the coney - let me see!*

PERIGEE: *Coney's a rabbit.*

HECATE (reading): *"And the coney, because he cheweth the cud, but divideth not the hoof; he is unclean unto you."*

PERIGEE: *"And the hare, because he cheweth the cud, but divideth not the hoof; he is unclean unto you."*

HECATE: *"And whatsoever goeth upon his paws, among all manner of beasts that go on all four, those are unclean unto you: whoso toucheth their carcass shall be unclean until the even."*

PERIGEE: *Until the what? "And all that have not fins and scales in the seas, and in the rivers, of all that move in the waters, and of any living thing which is in the waters, they shall be an abomination unto you."*

HECATE: *An abomination! "Ye shall not make yourselves abominable," Peri, "with any creeping thing that creepeth, neither shall ye make yourselves unclean with them, that ye should be defiled thereby. This is -"*

PERIGEE: *This is the law of the beasts!*

HECATE: *I wanted to say that bit.*

PERIGEE: *"And of every creature that creepeth upon the earth."*

55° 51' 49.36" N * 5° 16' 07.13" W

9
PERIGEE

I want to find the Homestead but I want to find it first. I have to lose Hecate. I send her off to look for pinecones, then I dash between the trees and out of sight.

I keep running, lightly, holding my breath, until I think I've come to the Clearing. I stop and spin round, then pounce a little way up the slope to look down.

I see the deer.

My first thought is my knife, feel it keen in my pocket. I creep towards the body; sweetly still, dead still. I imagine it fell but since then has been got-at.

I look closer, the neck wound is a door ajar and I so badly want in.

I don't know how much time has passed, but I feel the shift - geometry sawn up and rolled out over pine needles, my knife at home in its purpose. My pulse darts through me and now has somewhere to go. A separation - but it still isn't telling me.

Why are you making me do this?
Why did they tell me the stories?

I don't hear Hec until she's already stopped and staring. Not a house.

The eyes are frozen windows, it can't give any more of itself away. I know I have to dig in. Is that what I have to do?

A kick and a few incisions, the crunching sound is sadly small.

55° 51' 45.17" N * 5° 15' 41.46" W

10
PERIGEE

I return from the tops to find the warning. Wolves at the gate - pining, pining, chained together, pining. They spring-to at my scent.

The sound of a saw in the distance. Hec's little boots flung off in the garden, shining, permanent red in the sundown. The sound of the saw, eating again - the bundle in my hands. The wolves' breath in the air, they whine and hunker down at the gatepost. The sound of the saw and happy cutlery from inside the house; Hec is inside the house - has she spoken?

My ears prick and I am panting with the dogs; the wreckage yet to come, war music to our ears. I push the gate.

Hec's crying, I don't know why she always cries when I get into trouble. Something in the way they're all not looking over frightens the deer in me.

> *Run, townie, run. Kill, townie, kill.*

I just wanted to clean the bones. I wanted to wash the bones in the sea. They won't look over.

"I just wanted to clean the bones, in the sink."

> *These also shall be unclean unto you among the creeping things that creep upon the earth; the weasel, and the mouse, and the tortoise after his kind -*

I want to go over and help, help them understand, but I remember my boots and stay caught on the mat.

> *Eat, townie, eat.*

I just wanted to look inside.

・・

HECATE

We bury the head in the garden. Peri protests, Mum hands him the trowel and tells him to dig. I would have made a grave-marker, like I've done for all the fallen birds we've ever found and dead pets. No-one suggests it this time, so I just stand and watch.

Afterwards, the car is packed in silence. The usual rituals I remember; Mum cleaning the fridge, Dad storing the firewood. Peri at the foot of the garden. I know we won't be back. I have time for one last visit.

I run the back route to save time, cutting through the low field and off the signed path. I leap to clear the knotted roots I know are under the leaves. How many times have I done this in secret, without knowing why until now? The rattling in my rucksack.

I burst into the Clearing and throw myself to the ground. I already know the spot, I've sensed it a thousand times. Where the Hearth would have been and is, I dig.

This house, this is the house.

I hear my name being called. I dig deeper into the cold. Swing my rucksack off my shoulder with a little clattering sound and empty it. The calls coming closer.

When I return the door will already be locked.

55° 52' 31.92" N * 4° 17' 58.43" W

HECATE

At nightfall they would rattle the cabinet: the keys that were too big for the box and refused to be kept. The racket they made. And so I took them and dreamt I took them and drove to the cottage in my own invented night, to find you there and set you loose, unchain you from the gate. To keep going where you are not, to find us both buried there and buried and therefore found. Like a copper bell going off deep in the forest, or sung in a hallway. I remember. How like bells we are. Once struck and deafened by our own ringing without remembering why.

If I could pick you up, turn you on your axis and into another. What time of year was this? November. The seeds all fallen and floored: the hooves that drove us home to the riverbed, the field, back into the forest, to wonder how these places came to be named and how did we.

And how like bells, we howl.

..

PERIGEE

Why do I remember us in a patch of cloud? How do I see the living-room in a gap of sky? There are miles of light between us, leading us on. Miles of light between then and now and now.

I try to remember the rules of the woods - the rules as I saw them laid out on the hall table, the varnish was burnt sugar I picked at. A glass dish of keys and copper coins, coins in my mouth. A taste of cold blood as I waited by the door. I remember them now, in the screech of the old door handle; the rules in a rattle of glass, a gulp of copper.

Nothing settles in the forest that isn't already there, so neither do I.

55° 57' 26.37" N * 5° 18' 41.47" W

12
PERIGEE

It's as if we were both truly lost for the first time; the camber that caused you to turn and slide.

You can follow the tracks back up to the top of the hill, to where no animal watches and time has moved on.

The Clearing that is now the Homestead of the past - different layers of the same world, held by your head. The world in the skull of a baby deer, the tide of a shell, the recess of a tiny bone as it holds its own world still on the windowsill.

Which world, which baby deer?
This one and all at once. Which house?
Both. I don't know. Both.

I found you in the forest and all I wanted to do was dig. I didn't know that Hec would find us there so soon. I'd tried to lose her in the forest but she knew the way too well. We heard the same voices, differently. I was surprised when she offered to help - wordlessly, her boot. One hand on the tree trunk, maybe she knew that I had to do this, maybe she knew all along.

But something changed her mind in the time it took for her to startle and run off ahead, back through the fields to the cottage. The final cut, the separation. The weight of it and the dislocation.

I wrapped you carefully and took you back with me. Should I have left you? Should I have buried you there? Was it your madness or mine all along, fizzing in the blood?

There was something at the cottage that I wanted you to see - a stock of rattling shells, my midden on the windowsill, wishbones chattering every time I walked past. I knew that these worlds and ours touched somehow, so I brought you to them. And in these little acts I brought us all together and cast myself out at the same time; back out into the sea of fields, buried layers of bone and cut wood.

Hec turned her wheel and shook her head and I was cast out as I knew it had to be.

55° 52' 21.65" N * 4° 18' 10.56" W

13
HECATE

A patch of conifers, deliberately planted - rest your head against them. A transparency of rushes, beaded red at the hedgerow. A letter deftly sent, crashes somewhere on a doormat with the spiders.

The bleat of a traffic signal in the city bleeds through your restless sleep, becomes a bird-call. You are in the dream-house made of rain, the forest of cloud hangs above your place on the step. Look up into it and see the two of us staring back, boots swinging down into the garden. You get up and go out with your net, hang it from a tree-branch to catch the bird. You wait for it to swim past; you are fishing for birds.

There's an easier way to understand this. Answer the letter.

..

PERIGEE

You were always good at making things, Hec. You could trace a line on the kitchen floor with your finger and I could see you were elsewhere, spin your wheel for an hour and make something no-one else could see. Did that mean you didn't want me around, or need me? Sometimes I could pull you back - suggest a game, a fight - and you would turn around as if you were waking up from something, and notice me.

Should I have left you alone, Hec? Should I have left?

55° 51' 45.17" N * 5° 15' 41.46" W

14
HECATE

I stumble through the sounds, every line of defence feels like an attack. I retreat, swallow it back.

"I - th - it - it w -"

Another letter comes, struck from the alphabet, tail between its teeth.

"W - we -"

We went into the forest and we found the animal.
We went into the forest and we killed the animal.

"Which is it?"

Both. I don't know. Both.

55° 51' 45.17" N * 5° 15' 41.46" W

15
PERIGEE

Her voice is in my head; it's the gust that catches me as I swing over the gate, the berry blood staining my boots. I don't know when I first started hearing it. She wants this. She wants me to go back to the Homestead, to find what she always knew was there.

But I'm tired and the rain won't leave me alone. I came inside for shelter, but I wasn't thinking. The roof is raining and the ceiling and the walls, the rooms are filling with water from the inside. The glass nest of the porch is melting into outside. Only then do I think to notice that the bones are gone. That gap on the windowsill; shallower dust.

I run a route I didn't know I knew. Through the low field and into the forest. I'm the ghost of a bee returning for its sting. Why do I remember this? Into the Clearing with the ledge that felled the yearling and to the Homestead, I can see it now.

I feel a pulse from the other side, go to my knees and dig. And this dirt, this stuff that is the ground, is much more than anything to be washed away.

I sink deeper down, sense buried walls, dormant boundaries.

Would there have been a cellar? If I seek an origin here, how did they seek theirs? When was the first staircase - did it go up or down? Am I it?

I lie flat to find the Hearth. The roots reaching out are theirs. Shoulder-deep I find them, tiny stone fingers touching mine: the bones, the house on the hill and the house inside.

The Homestead is one doorway leading into another. The other is inside me.

55° 53' 02.76" N * 5° 16' 09.44" W

16

HECATE

You reach the top of the hill, swing left at the crossroads and rest your hands against the welcome red of the phone box. Heave the door open. Stop the ringing, break it in two.

And in that click, you're home.

"Peri...? Did you find it?"

"I went there and..."

"It's you."

"Yes..."

"Catch your breath."

"I thought I was going to miss you. I almost didn't make it."

"I would have waited. Didn't I wait?"

"You knew all this time and you didn't tell me."

"I wanted to but you wouldn't listen. It's been so long."

"I didn't mean it, I didn't know."

"You couldn't have known; it doesn't matter now. I wanted you to find them for yourself. Were they still there?"

"They were, it was just like you said it would be. But when were you here?"

"Twenty years ago, same as you."

"And not since? Hec?"

"No."

"How did you know they'd still be there?"

"Even if they drifted a bit, I thought they wouldn't go far."

"But you loved those little bones, that was your collection."

"Better buried there than dead on the windowsill. I knew we wouldn't be back."

"Until now."

"I just couldn't bear the thought of them waiting at the cottage after everything broke, you know?"

"I'm sorry I never said much about it."

"It doesn't matter now."

"So why did you bury the bones?"

"To make sure we came back."

55° 51' 48.19" N * 5° 15' 55.59" W

17
HECATE

Come into this field in the dead of night, to be brave and sit down.

The hill to your right is invisible now, gives nothing of itself away. Your earlier walk to the Homestead, did that mean nothing? You remembered the route, through the trees to the Clearing. The things you thought you shared - bones, an understanding of North - are now swallowed up into the sky. The longer you sit, the more still. Let your eyes adjust. Everything here evens out.

Think of your sister. When you returned home from the holiday to more distance, something not being mentioned. She asked you and you denied it - do you remember? Until years later, when you went away. The distance must have grown at that time, but you didn't notice it as much as when you were there, not saying anything. And the letters she sent to bring you back, remind you what was lost.

Come into this field in the dead of night, to be brave and wait for your senses to adapt.

The rain starts again, you're already cold. Lie down, cover your face with your hood and let the soil darken around you. Hope the anchor stays heavy. Roll over like a child, look for the head lights shivering between the trees in the distance and guess the time. Imagine the rooms of the house now, half-grey and quiet without you - thoughts of cold feet and burnt toast, early rising in the still-dark. We went into the forest.

Roll onto your back, let the rain settle around the names you've long forgotten: furcula, Tighnabruaich; shieling beag, shieling mòr. Frost shadows at your throat.

Be brave and open your eyes - the rain tips towards you from a vast angle. The matte grey depth of sky is struggling with something - morning. A new thought breaks in your mind, the possibility of being seen like this, getting caught. Dismiss it. Daytime twitches in your stomach.

It's almost light enough now and the rain has stopped. Sit up, remember where you are. You are in a winter painting, hanging above the fireplace in the snug of a country hotel. You are hidden deep in a murder of winter; a jawbone unearthed, aching in memory of the summer's kill. The scent sends you wheeling: come back, be still.

Stand: the distance comes home to you now. How to get back from the forest. Letters from your sister; rumours in the dark. Follow the fence and come to the path.

And by the sense of things, that which no other order could reveal.

18
PERIGEE

I was still at sea; and the house was part sea. The sea-bird in the city brought me back. I followed it, it forgave me. I took the keys.

Somewhere a kettle is boiling, permanent red in the sundown. The house is tipping me into the garden to roll away under the waves, beneath the layers of wallpaper we peeled back at night.

Lying still in the swell of the bedroom, the swinging bell and the glistening eye of the yearling. Waves rising round a high hill, becoming a hallway I am sung along and sent home, I am sung.

A nod of your head, Hec, a turn of your wheel. That's all it took for them to believe you. But I saw your steadying glove on the tree as I made a little sawing with my knife, the kick from your little red boot, already red.

What you never said. That it was as much you as it was me. What parts of ourselves we buried then, Hec: I was the rat on the blanket, I was the shivering bell.

A car snakes through the trees towards the cottage and it won't find me here.

. .

HECATE

You sense the bell swinging, glimpse it through the trees, beating a warm pulse back and forth, breathing its copper weight through the forest. Sparking winter light off its swaying chest and into your eye.

You are ten years old, reading by torchlight. You are a bottled ship a long way from shore. How can life subsist in a glass jar or forest glade?

A baby deer wakes in the orange warmth beneath the bell. Let it sway as you let your sails down, to meet wind the temperature of gold.

Ever since I buried the bones I've dreamt in two registers. And now the woodcut house is the cottage and the sandstone city is the wooded glen and we are home.

We are in the forest, we are circling the forest, we are the forest. A wolf sits quietly in a porcelain disc, resting on floral wallpaper. I am spinning in a field.

Our greatest fears, they mean everything to me.

Little Fork

'Taitneach, toinnte, dalma agus aig àmannan cho ealanta 's cha mhòr gun gabh e creidsinn.'
NEIL COOPER, *Herald Scotland*

'Tha faclan Sharp gad thoirt gu saoghal eile.'
LAURA DAVIS, *Liverpool Daily Post*

Rugadh Rebecca Joy Sharp ann an 1979 ann an Glaschu. Tha a cuid sgrìobhaidh airson thaighean-cluiche air a bhith air a taisbeanadh ann an cuirmean proifeiseanta ann an Glaschu, baile mòr New York agus ann an Liverpool, far a bheil i air a bhith a' fuireach bho 2004. Tha a h-obrach air a bhith air a thaisbeanadh ann an iomadach pròiseact cliùiteach, a tha aig amannan a' gabhail a-steach modhan ealain eile agus ann an co-obrachadh le luchd-ealain eile.

www.rebeccajoysharp.com

OBAIR EILE A THA RI FHAOTAINN:

The Tiger Act (Roncadora, 2012),
leabhar agus cruthan ealain le Hugh Bryden

Whale Song (2012),
sgrìobhadh agus dealbhan, le Gill Smith

The Ballad of Juniper Davy and Sonny Lumière (Spike, Liverpool 2010),
leabhar agus CD, dealbhan le Elizabeth Willow

The Clearing (Gruenrekorder, 2010),
CD/MP3/WAV, le Simon Whetham

Fathoming: setting poetry to silk (2010),
sreath bàrdachd agus sìoda, le Eva Fulinova / Tinctory

The Mystery Workshop (2009),
CD, cruthachaidhean air clàrsach agus labhairt

Tha *Forcan Beaga* cuideachd air a chruthachadh mar thachartas litreachas beò (le tionndaidhean Beurla agus Gàidhlig), air a cho-riochdachadh le Rebecca Joy Sharp agus le Niall Doherty. Bha a' chiad thachartas den obair ann an Ionad Aithris Sgeulachdan anns an t-Samhain 2012, leis na leughaidhean le Rebecca Joy Sharp agus Ailean McKendrick ann am Beurla agus le Gillebrìde Mac 'IlleMhaoil agus Linda NicLeòid ann an Gàidhlig. Chaidh taic a chur ri leasachadh agus taisbeanadh na pròiseact le Alba Chruthachail.

www.thisislittleforks.wordpress.com

BUIDHEACHAS

Tha an t-ùghdar a' toirt taing do Chomhairle nan Leabhraichean airson tabhartas gus eadar-theangachadh a dhèanamh gu Gàidhlig; leis an sin chaidh an leabhar seo a chruthachadh agus leig e le cruth Gàidhlig dhen taisbeanadh a bhith air a lìbhrigeadh – taing shònraichte do Mhàiri NicCumhais cuideachd airson na taic agus na comhairle a thug i leis an obair seo. Cuideachd, feumar taing a thoirt dha Alba Chruthachail, a thug maoineachadh airson nan taisbeanaidhean. Taing do Ghillebrìde Mac 'IlleMhaoil airson spiorad nam briathran eadar-theangachadh; agus do Andrea Fisher de Cuba airson dealbh còmhdaich eireachdail. Taing cuideachd dhan h-uile duine eile a tha air taic a thoirt dha *Forcan Beaga* air an t-slighe.

'S e obair bhrèagha liriceach a tha an seo,
a thogas ceistean an dà chuid feallsanachdail
agus fiosaigeach mu dheidhinn nàdar an
fhìorachais, agus na crìochan a' leaghadh eadar
muir is tìr, an t-àm a tha an làthair agus an t-àm
a tha seachad, eadar daoine agus beathaichean.
Cuiridh an sgeulachd seo aisling an cèill a bhios
nas fhaisge air an fhìrinn, is dòcha, na tha sinn
an dùil.
MEG BATEMAN

Forcan Beaga

REBECCA JOY SHARP

Comhairle nan Leabhraichean
The Gaelic Books Council

S φ P

Foillsichte le
Souterrain Private Press
www.souterrain-press.com
Flat 1/2, 64 Sràid Polwarth
Glaschu G12 9TL

Clò-bhualadh le imprintdigital.net

A' chiad chlò, An Dàmhair 2012

SP001/1

Na còraichean uile glèidhte
© Rebecca Joy Sharp 2012

Tha aithne air a thoirt do
Rebecca Joy Sharp
mar ùghdar na h-obrach seo
a rèir Achd Dlighe-Sgrìobhte, Dealbhachadh
agus Achd Pheutantan 1988

Dealbh còmhdaich © Andrea Fisher de Cuba
- cuboid.zaplife.com/portfolio

Eadar-theangachadh gu Gàidhlig
le Gillebrìde Mac 'IlleMhaoil

ISBN 978-0-9573392-0-0

Tha an leabhar air a reic a rèir a'
chumhach nach bi e air a chur air iasad, air
ath-reic, no air a sgaoileadh ann an dòigh sam
bith gun chead ro-làimh bhon fhoillsichear air
nasgadh no còmhdach eadar-dhealaichte anns
a bheil e air fhoillseachadh agus gun na h-aon
chumhachan a bhith air an cur air
ceannaiche sam bith eile.

Tha clàr catalog airson an leabhair seo ri
fhaighinn bho Leabharlann Bhreatainn.

DO J.

FACAL TOISICH

Ann am *Forcan Beaga* tha mi a' sgrùdadh nan dòighean anns am bi sinn a' dèanamh ceangal eadar cuimhneachain, faireachd-ainnean, rudan a thachair dhuinn agus àiteachan sònraichte; mar a tha àm agus àite a' fàgail làrach nar n-inntinnean. Bha mi ag iarraidh na dòighean anns am bi sinn a' cruthachadh chuimhneachain a shealltainn ann an dòigh faicsinneach air an duilleig: a' sealltainn ghuthanbhon àm a dh'fhalbh ann an clò eadailteach, le earrannan còmhraidh mar gum b' ann sgrìobhte ann an dealbh-chluich a bha iad. Na dòighean anns am faod-amaid cuimhne a chumail air còmhraidhean, ìomhaighean agus gnìomhan nar n-inntinn, a' coimhead a-steach bhon taobha-muigh; tro mhìrean, ath-aithris agus daingeachadh.

'S e dà-thaobhachas prìomh chuspair an leabhair: bràthair/piuthar, àm a dh'fhalbh/an t-àm seo, fiadhaich/sìobhalta, sàbhailteachd/cunnart, a-staigh/a-muigh, Gàidheal/Gall. Agus slighean a' sgaradh bho chèile, roghainnean a chaidh a ghabhail, an dòigh anns a bheil mìr de na slighean nach do ghabh sinn ann an gach co-dhùnadh no gnìomh a rinn sinn. Dh'fhaodadh *Forcan Beaga* a bhith air a leughadh mar shealladh air 'antisiosadaidh' na h-Alba; a' bheachd gu bheil sgaradh taobh a-staigh eachdraidh, cultar agus beachd-smuain nàiseanta na h-Alba. Tha a bhith ag eadar-theangachadh an leabhair seo gu Gàidhlig a' riochdachadh an dà-thaobhachas seo ann an dòigh adhartach eile. Chan eil Gàidhlig agamsa idir agus 's cinnteach gur ann airson an adhbhar sin a tha mi air a bhith air mo bheò-ghlacadh leatha; aig an aon àm tha i nàdarra agus do-dhèanta. Le bhith a' fàs suas le Gàidlig anns an t-sealladh-tìre (cho math ri cànan eile leit id Albais, Cruithneachd agus Lochlannais), bha e a' ciallachadh gun robh a' chànan agus an talamh ris an robh i a' buntainn an dà chuid aithnichte dhomh agus dìomhair.

Tha cuimhne air a bhith agam riamh air taigh dom bithinn a' dol còmhla ri mo theaghlach – ann an Taigh na Bruaich, air 'costa dìomhair' Earra-Ghaidheil air Rubha na Comhghaill ann an Iar Dheas sgìrean Gàidhealach na h-Alba. Bha tuineachadh ro-eachdraidheil ann am bràighe anns a' choille faisg air an taigh agus tràigh, far am b' àbhaist dhuinn a bhith a' dèanamh rùrach gu leòr. Tha cuimhne agamsa air mar àite dìomhair (cuid dhe bhon mhac-mheanmna) agus àm far am biomaid ri mòran dànachd. Tha na tuairisgeulan mun 't-seann-taigh' ('dachaigh' anns a' bhaile – Glaschu) air an tarraing cuideachd bho mo chuimhneachain agus m' fhaireachdainnean fhèin mu na h-àiteachan sin.

Mar sin, ged a tha na caractaran agus na tha a' tachairt ann am *Forcan Beaga* gu tur bhon mhac-mheanmna, cha mhòr nach eil a h-uile gin dhen mhion-fhiosrachadh agus na h-àiteachan dà-rìribh dhòmhsa; air an neartachadh dhomh fhìn le m' òige agus leis mar a tha mi air mo bheò-ghlacadh leis an àm a dh'fhalbh, guthan taobh a-staigh a' chinn, atharrachadh ann an nàdar, clàran-dùthcha, arc-eòlas, deas-ghnàthan agus cunnart.

Fad ùine mhòr cuideachd, bha mi air a bhith ag iarraidh sgrìobhadh mu dhàimh eadar piuthar agus bràthair agus air an adhbhar sin tha mi a' coisrigeadh *Forcan Beaga* do mo bhràthair fhìn.

RJS
Faoilleach 2012

Dè tha thu a' miannachadh, an seo aig an uinneig? *Rudeigin mìorbhaileach, rudeigin draoidheil, a bheir air na rudan dìomhair uile a dhol às an t-sealladh?*

WILLIAM GOYEN, *The House of Breath*

força Beaga

55° 51' 45.17" т * 5° 15' 41.46" ı

1

HECATE

Ruigidh tu an taigh air an oidhche, an dèidh dràibheadh.

Bidh a h-uile rud a' tilleadh thugad air an t-slighe suas thuige siud, tha na solais nas tearc, chan eil e cho furasta aithneachadh cuin a nochdas na solais, chan eil iad cho spaideil. Mar nach biodh iad air an còmhdach le bolgan idir. Agus a-nis, tha an dorchadas gad ghlacadh – dorchadas farsaing, còmhnard, a dh'fhaodadh a bhith sìtheil, a-muigh an siud.

Thig thu às a' chàr gus an geata fhosgladh, feumaidh tu a thogail gus an tèid agad air fhosgladh leis gu bheil am feur air fàs ro àrd. Fhosgladh an uair sin. Tha am feur fliuch, ach chan e an dìle a rinn sin idir – bidh e a' cur iongnadh ort a bheil facal eile ann airson dealt na h-oidhche.

Gu h-obann, tha solais a' chàr cho eagalach, tha d'fhaileas fhèin cho mòr ris an taigh a th' anns an dubhar, nas lugha na bha cuimhne agad. Bidh tu a' smaointinn an e an fhìrinn a tha anns na fathannan; am faodadh cuideigin eile a bhith anns a' chàr, a' crùbadh gus nach gabhadh am faicinn, air do chùlaibh fad na h-ùine. Tha thu a' leum a-steach dhan chàr a-rithist, a' cur bhuat na smuain sin agus a' cur do chas sìos chun an ùrlair agus a' dràibheadh thairis air an fheur. A' cur dheth an einnsean. A' fàgail nan solas air fhad 's a tha thu a' fosgladh an dorais aghaidh.

Ciad fhàileadh na fuarachd, rud air a bheil thu gu math eòlach. Feumaidh tu putag a thoirt dhan doras le do ghualainn gus am fosgail e, an doras ro ìseal airson a' bhràt-ùrlair a-nis – tha an taigh air tòiseachadh air e fhèin a dhùnadh. Tha thu air an doras fhosgladh agus tha thu a' tarraing analach de dh'èadhar tais, a' toirt cofhurtachd ris nach robh thu an dùil. Tha mac-talla air choreigin ann. Seall mun cuairt – coltas bochd air na cluasagan, sligean air oir na h-uinneige, sgeilf làn leabhraichean air a dhol donn leis an fhuarachd agus grunn sheann mhìrean-mheasgaite.

Na fuirich ro fhada; cuir air na solais. Coisich troimhe, feuch air an t-àite a lìonadh le rudeigin – blàths, anail, fuaim, solas; rudeigin is urrainn dha do chorp no do spiorad a thabhann. Tha na pàipearan a tha an tac an teine na bliadhnachan mòra a dh'aois.

Cùm a' gluasad. A' falmhachadh a' chàr, tha thu a' tighinn gu co-dhùnadh gu bheil thu a' dol a dh'fheuchainn air lorg fhaighinn air a' Bhràighe anns a' mhadainn.

55° 52' 21.65" т * 4° 18' 10.56" ı

2
PERIGEE

Tha e mar gum biodh an dithis againn air chall gu fìor airson a' chiad uair.

Dè an taigh? An taigh air a' chnoc.

An cuala tu sinn a' ruith? An cuala tu sinn mionaidean roimhe sin, no làithean no bliadhnachan? An e sin a thug ort clisgeadh, gun robh fios agad gun robh sinn a' tighinn? Am fiaradh air an rathad a thug ort tionndadh agus sleamhnachadh, an tarraing aig a' Bhràigh, nas fhaisge agus nas fhaisge ruith sinn tro na craobhan.

Agus dh'fhuirich thu an sin gun ghluasad, 's làn fhios agad nach robh agad ach feitheamh gus am biodh an dithis againn air ar glacadh.

• •

Ar seòmar-cadail anns an taigh-shamhraidh: brògan spòrs ri taobh an dorais, dèideagan nan saor-làithean air an sgaoileadh air feadh an ùrlair.

Tha mi a' dùsgadh 's mi air bhioran airson an latha a tha romham - dreallag, a' togail smeuran air an t-slighe chun a' chladaich. Ach tha rudeigin ann am bonn mo stamaig ag innse dhomh gu bheil rudeigin a-muigh an siud – nas motha agus nas sine na tha mise agus 's cinnteach gu bheil e air a chòmhdach le còinneach; mar itean air biast throm.

Tha Mam 's Dad air a bhith ag innse dhuinn mun Fhasan a tha air falach anns a' choille. Seann tuineachadh bho Linn an Iarainn, chìthear làrach an sin fhathast. Saoil carson a bhiodh na daoine a bha a' fuireach an sin ag iarraidh gum biodh na taighean aca air falach. Tha Dad ag innse dhomh nach robh iad am falach fad na h-ùine idir, gun do thuit na taighean am broinn a chèile agus gun do ghabh a' choille thairis orra rè ùine. Tha e a' cur iongnadh ormsa ciamar a thuit na taighean am broinn a chèile.

"Le ùine agus air sgàth na sìde aon uair 's gun robh na daoine air falbh."

"Carson a dh'fhalbh iad?"

"Dh'fhàs iad sean agus chaochail iad, no cha do rinn iad ach gluasad a dh'àite eile."

"Nach robh duine air fhàgail?"

Tha Mam ag innse sgeulachdan dhuinn mun t-seòrsa beatha a bhiodh aca an uair sin. Tha mise a' faighneachd dhi am biodh iad a' dol chun a' chladaich. Tha ise ag ràdh gu bheil e coltach nach biodh cladach ann an uair sin, nach biodh anns an aon àite co-dhiù, ach gu math nas fhaide air falbh.

Agus a-nis chan urrainn dhomh sguir a' smaointinn air cladach a bhios a' gluasad. Feumaidh mi a dhol an sin. Tha mi a' dèanamh dheth gum bi tuairmse anns na sligean. Dè tha anns an tràigh ghluasadach seo? Dè thachair dhan talamh a chaidh às an t-sealladh? Chan urrainn dhomh mo bhòtannan a chur orm luath gu leòr, ach tha Hecate a' dranndan mu dheidhinn a bhith a' faighinn lorg air an Fhasan, agus mar sin feumaidh sinn sin a dhèanamh an toiseach.

Tha Dad a' toirt clàr-dùthcha a-mach. Tha a chorrag a' leantainn loidhne bhon taigh agus tha mise a' faicinn loidhne fhada ann an tìm.

55° 51' 45.17" T * 5° 15' 41.46" I

3
HECATE

Anns a' mhadainn, tha thu a' dèanamh nan tomhasan.

Tha thu a' sìneadh a' chlàr-dùthcha a-mach air a' bhòrd agus 's e mìorbhail a th' ann dhut gu bheil e fhathast cho mòr, mar gum bu chòir dha a bhith air fàs na bu lugha leis gu bheil e air a bhith anns a' phreasa fad nam bliadhnachan mòra. Nach bu chòir gum freagradh e fhathast?

A' dol tron chidsin – na casan fuara air an laidhno, cuimhne a' tighinn thugad mu thòst a bha air a losgadh. Tha an truinnsear a' losgadh fo phoit na cofaidh. Tha thu a' tionndadh agus a' coimhead tron uinneig chun a' ghàrraidh cùil.

Tha an seada glaiste, ròpa briste a' crochadh bhon chraoibh mhòir.

A' cur aire a-rithist air a' phoit, tha thu ag ràdh riut fhèin nach eil seo a' dol a thoirt mionaid nas fhaide na dh'fheumas e.

..

Tha thu a' lorg an oisean as fhaide shìos dhen achadh..

An t-achadh seo - a tha air a chuairteachadh le achaidhean eile a tha rèidh, còmhnard – tha faileasan air an fhear seo. Seo far an tèid thu.

Lean an lag sìos gu oisean na callaide, an t-àite far a bheil dà shreath a' tighinn gu chèile aig bonn a' bhruthaich. 'S e seòmar nan còtaichean a th' ann a-nis anns an t-seann taigh, sreathan de chlòimh dhorcha agus de chlò.

Feumaidh tu do shùilean a phriobadh le solas na grèine, a' feuchainn air an t-astar a dhearbhadh: tha e an seo agus tha thu na bhroinn a-cheana. Seacaidean cèireach làn dust agus bòtannan a' gheamhraidh. Tha thu a' dùnadh do shùilean, a' cladhach a-steach dha na sreathan a tha a' crochadh agus a tha gad chumail suas eadhon nuair a tha thu a' tuiteam. Tha thu a' gabhail anail mhòr; tha thu air ais anns a' choille.

..

An cruinneachadh de chnàmhan beaga air oir na h-uinneig, air an toirt a-steach bhon raineach. 'S e claigeann na caorach is fheàrr le Peri. Tha i fhathast os cionn nan sgeilfichean anns an t-seòmar-shuidhe, ri taobh bogsa làn phinn agus bobhla glainne làn bhataraidhean. 'S fheàrr leam fhìn an fheadhainn bheaga – na famhalain, na luchain agus na h-eòin. Tha an fheadhainn bheaga bhìodach a' coimhead cho beag nuair nach eil ann ach na cnàmhan.

'S iad na cnàmhan-pòsaidh as fheàrr buileach. Tha uiread dhiubh ann, tha àite sònraichte air a chur air leth dhaibh anns an uinneig; cha mhòr nach eil iad ag iarraidh orm an slaodadh bho chèile.

"Cnàmhan-pòsaidh," tha Dad ag innse dhomh, agus an t-ainm Laideann - furcula, forc bheag.

..

PERIGEE

A' coiseachd air ais bhon chladach, tha mo phòcanan loma-làn sligean mhuirsgian – chan urrainn dhomh feadhainn shlàn sam bith fhàgail far a bheil iad. Tha mi gan toirt a-mach gu furachail agus gan cur air oir na h-uinneig, am measg nan cnàmhan. Gheibh mi fàileadh na mara asta, bhuam fhìn cuideachd. Fhad 's a tha i a' sileadh agus an dìle a' gabhail dha uinneag a' phoirdse, tha mi a' mothachadh gu bheil mise fhathast aig muir; agus gu bheil an taigh na phàirt dhen muir.

Tha cus shligean ann agus tha iad a' tuiteam bho oir na h-uinneig, a' bualadh air an ùrlar 's a h-uile slige a' dèanamh a brag fhèin. Tha coire a' goil an àiteigin. Tha salann ag èirigh bhom chraiceann.

Fon staidhre, fon uisge, tha an seilear, an cùl far a bheil na màileidean air an cumail, an toll anns a' bhalla aig nach eil fios aig duine air ach mi fhìn agus mar sin ma dh'fhaodte gur e mi fhìn a rinn e; sin far a bheil mi a' cumail mo sgithinn.

55° 53' 02.76" T * 5° 16' 09.44" I

4
HECATE

Fairichidh tu fàileadh an fhuachd – agus fàileadh losgadh an fhiodh, 's dòcha, ach chan ann bho seo. Ro thighinn an seo, bha toit air a chasg à taighean-seinnse – no air a spùdadh à fìneadairean; rudeigin a chuireas dheth glagan rabhaidh, no cagar bàn à coinneal le fàileadh cùbhraidh. Chan e am fàileadh eòlach, brìoghmhor daonna seo air an oidhche.

Craobhan giuthais, sean agus mòr. Chitheadh tu iad tron latha, air a' chnoc no air ais an siud, fada air do chùlaibh. A-nochd, chan eil ann ach fuireach air an rathad dhorcha seo agus faighinn gu bogsa na fòn.

Tha na fathannan a' tilleadh. An taigh air a' chnoc.
    Dè an taigh?

Shuas air a' chnoc.
    Ach dè an taigh?

Tha thu a' tòiseachadh air smaointinn air murtairean agus daoine cuthaich. Smuaintean a' bhaile mhòir – an e sin a th' annta? Agus tha thu a' dèanamh às – gun tuigse air dè cho fada no dè an taobh a tha thu a' dol – coltach ri misgear, gus an toir solas buidhe mu do choinneamh rudeigin dhut air an amais thu, tha thu a' coimhead air gu dlùth agus a' feuchainn air a dhol dìreach thuige.

55° 51' 45.17" T * 5° 15' 41.46" I

5
PERIGEE

Tha i a' sileadh am broinn an taighe.

Tha Mam ag èigheach orm, ag èigheach ainmean orm, a' cur oirre miotagan rubair. Tha mi a' coimhead sìos air mo bhòtannan – tha iad làn puill is eile, ach tha mi fhathast air a' bhrat-ùrlair. Fuaim bragadaich an teine, tha Hec a' tionndadh dèiteag cuibhle anns an oisean.

Tha Dad a' seasamh, ga dhìreachadh fhèin, a' seallainn a-null.
"Dè thachair?"
"Chan eil fhios agam."
"Dè tha thu a' ciallachadh nach eil fhios agad?"
Chan eil miotagan Mham buileach cho buidhe 's e aice na làimh.
Tha Dad a' coimhead orm a-rithist. "Dè rinn thu?"
"Fhuair sinn e."
"Fhuair sibh e mar sin?"
Tha Dad a' coimhead a-null far a bheil Hec a' feuchainn air cladhach a-steach dhan bhrat-ùrlair. "Hecate? An robh thusa ann?"
"Fhuair Peri e an toiseach." *Tionndaidh, tionndaidh.*
Tha Mam a' dèanamh fuaim a tha caran coltach ri gàire, cha do leig Dad air gun cuala e e.
"Agus bha e dìreach mar sin nuair a chunnaic thu e?"
Tha Hec a' tionndadh agus a' coimhead air miotagan Mham, boinneachan a' tuiteam dhiubh chun a' phàipear-naidheachd.
"Bha." *Tha Mam a' cromadh gus an rud anns a' phàipear-naidheachd a*

chòmhdach. "Chan eil dad a dh'innseas dhuinn gur ann mar seo a bha e nuair a fhuair e e."
"A Chriosaidh, tha e ag ràdh nach do rinn e e."
"Gun do rinn e dè?"
Tha mo phàrantan le chèile a' stad agus a' coimhead ormsa.
Tha Mam a' bruidhinn ann an guth socair, faiceallach. "Peri, chan e dìreach eun beag a tha an cat air a thoirt a-steach a tha seo idir. 'S e ceann fèidh òg a tha seo."
Dh'fhosgail i a làmhan, a bha air an còmhdach leis na miotagan, agus tha earrann beag a' tuiteam air a' phàipear. "Agus dè thachair dhan chòrr dhe? Tha sinn air tighinn an seo, agus tha thusa air seo a dhèanamh – 's fhurast' fhaicinn gur ann bhon bhaile mhòr a tha thusa! Dè rinn thu?"
"Cha do rinn càil! Cha do rinn – "
Tha Hec a' tòiseachadh air caoineadh anns an oisean. Tha Mam a' tionndadh, "Hec, am faca tusa dè thachair?"
Tha i a' coimhead orm, a h-aodann dearg, a' bualadh a cuibhle le a corrag. Tha i a' crathadh a cinn.
Tha Mam a' coimhead sìos air a' phàipear a-rithist. Tha Dad a' dol a-null agus a' crùbadh os cionn a' chinn. Tha iad a' smaointinn nach urrainn dhuinn an cluinntinn.
"Mang – ", arsa mise.
Tha iad a' coimhead suas, an aodannan dearg bho bhith crùbte thairis air a' phàipear.
"'S e mang a chanar ri fiadh òg."

55° 57' 28.97" T * 4° 48' 12.91" I

6
HECATE

Tha an trèan a' gluasad air uachdar nam boglaichean agus tha na boglaichean a' dol a-mach thairis a' bhàigh. Tha lochain air a bhith air an cruthachadh air uachdar na talmhainn, ach tha iad gu math nas doimhne na sin. Tha coltas an eagail orra anns a' ghaoith.

Neo an ann ormsa a tha an t-eagal gum bi mi air mo ghlacadh orra, 's nach fhaigh mi dhiubh? Peri a' leum air thoiseach orm air fàire, a' smèideadh thugam bho àite sàbhailte, àrd anns a' choille: air talamh tèarainte no ann an cunnart.

Tha a' bhoglach a' leantainn fhathast, gu ruige taobh thall a' bhàigh, a' ceangal a-rithist ris an tìr-mhòr, ceangal nach deach a bhriseadh ann an dòigh.

Chan eil anns na h-eileanan fhèin ach lochan beaga talmhainn – a bheil barrachd tèarainteachd aca, a bheil iad nas sàbhailte na na boglaichean eagalach? Dè tha ann a tha ag iarraidh orm a bhith nas faiceallaiche anns an àite seo seach ann an àite eile? Dè tha a' toirt orm a bhith ag iarraidh gum bi Peri faisg orm? Mo bhràthair as sine air an eilean, far a bheil balla, far a bheil taigh agus far a bheil coille.

Tha an tràigh bog fliuch ach gu h-obann tha baile romhad; a' gabhail cumadh bhreigeachan agus mullaichean a' brùthadh an aghaidh an adhair. Tha àirde an seo: làir, tioramachd. Tha stèisean trèana ann agus sràidean a' dol nan lùban. Chan eil an trèan a' gabhail dìu sam bith dhen chrois-rèile seo, ach a' cumail troimhpe tron bhaile agus seachad air ìomhaighean de Pheri, mar gun robh sinn fada air falbh bho eagal nam boglaichean.

55° 51' 49.36" T * 5° 16' 07.13" l

7

HECATE

Tha mi air chall. Bha mi an dùil gum b' e làraich Peri a bha mi a' leantainn, a' faicinn dath a sheacaid anns a' choille ach tha mi a-nis a' tuigsinn gu bheil mi air a bhith a' coimhead gu dlùth air an talamh fhèin agus gu bheil mi air a bhith a' ruith gun stiùir sam bith agam.

Tha mi a' stad aig a' Bhràighe agus ag èisteachd: m' anail fhìn, am fuaim aig mo chòta 's mi a' tionndadh, a' coimhead airson Peri. Tha mi a' tarraing air ais mo chnòcaid - tha a' choille a' fosgladh agus a' siabadh mun cuairt orm. Tha an talamh beartach, fliuch a' fosgladh air mu bheulaibh. Faillean a' briseadh. Tha mi a' tionndadh agus a' faicinn Peri a' coimhead gu dlùth air rudeigin air an talamh.

"Siud an taobh a tha an taigh." Chan e taigh. Tha mi a' ciallachadh - "Tha mi a' ciallachadh am Fasan."
Cha choimhead e suas. "Dè th' ann? Peri."
Tha mise a' dèanamh suas am bruthach. Beag air bheag, tha mi a' dol nas fhaisge, gu ruige Peri agus tha an cumadh a' fàs nas fhollaisiche.
Tha rudeigin air dath an airgid aige na làmhan. Tha mi a' coimhead air an talamh.

Tha mi a' faicinn an fhèidh.

Tha mi a' tionndadh mo chinn agus a' gabhail beachd air cho brèagha 's a tha na fèithean. Na h-ìrean cruinne agus na snàithleanan a' snaigheadh mun cuairt air a chèile, a' dealradh, abaich. Na loidhnichean coltach ri loidhnichean-àirde air clàr-dùthcha, a' cur nam chuimhne a bhith a' plànadh cuairt coiseachd, air mo ghlùinean ann an seathar, a' leantainn corrag Dad fhad 's a tha e ag ainmeachadh nan àiteachan as inntinniche — cho luath 's a thèid sinn a-mach dìochuimhnichidh mi mun deidhinn. Agus tha an t-uachdar seo, dearg agus le sgeul ri innse, gam fhiathachadh a-steach.

Tha Peri a' suathadh a shùil le bioran. "Bheil thu a' smaoineachadh gun do thuit e? Dè tha thu ag iarraidh a dhèanamh leis?"
Agus fhathast cha do fhreagair e. Tha mi a' sealltainn air agus tha e a' cur iongnadh orm càite bheil smuaintean balaich ga thoirt.Tha e ga thogail suas beagan agus ga chur sìos a-rithist. "An tiodhlaic sinn e?"

Agus tha Peri ag ràdh, "Cha thiodhlaic fhathast."

..

PERIGEE

Tha mi a' mothachadh gur e mullach a tha anns an adhar; agus gu bheil an sileadh cuideachd a' toirt fasgadh – tha mi a' dol a-mach agus a' seasamh an sin, a' dol am falach ann. A' faireachdainn geurad na stairsnich aghaidh air m' òrdagan lomnach, cho annasach 's a tha e.

A-muigh, tha an t-àite seo air a chruthachadh leis an uisge, air a dhèanamh leis an oidhche, 's e corp le anail a th' ann agus tha e a' tionndadh gu slaodach, gam chòmhdach ann an sàmhchair, neò-shàmhchair. Tha coille anns an adhar os cionn an taighe.

Bha sinn an siud an-dè. Tha mi a' coimhead suas agus a' faicinn gu bheil e a' tuiteam a-nuas oirnn. Tha na duilleagan a tha air tuiteam anns a' ghàrradh nan rabhadh, a' flodradh air uachdar an fheòir. Chan eil anns a' ghàrradh ach muir de dh'uisge a tha a' dubhachadh. Tha an talamh a' dùnadh mun cuairt an taighe; tha na solais anns an uinneig a' sealltainn a-mach.

55° 52' 31.92" T * 4° 17' 58.43" I

PERIGEE (a' leughadh): *"Ach iad seo chan ith sibh, dhiubhsan a chnàmhas a' chìr, no dhiubhsan a roinneas an ionga -"*

HECATE: *A roinneas an ionga!*

PERIGEE: *"- mar an càmhal, a chionn ged a chnàmh e a' chìr, nach roinn e an ionga; neò-ghlan tha e dhuibh."*

HECATE: *Agus a' mhaigheach – leig leam sin fhaicinn!*

PERIGEE: *'S e coineanach a tha anns a' mhaigheach.*

HECATE (a' leughadh): *"Agus an coinean, a chionn ged a chnàmh e a' chìr, nach roinn e an ionga; neò-ghlan tha e dhuibh."*

PERIGEE: *"Agus a' mhaigheach, a chionn ged a chnàmh i a' chìr, nach roinn i an ionga, neò-ghlan tha i dhuibh."*

HECATE: *"Agus ge b' e air bith a dh'imicheas air a mhàgaibh, am measg nan uile bheathaichean a dh'imicheas air ceithir chasan, bidh e neò-ghlan dhuibh; gach neach a bheanas ri 'n cairbh bidh e neò-ghlan gu feasgar."*

PERIGEE: *Gu cuin?* "Agus gach nì air nach eil itean no lannan anns na cuantan, agus anns na h-aibhnichean, de gach nì a ghluaiseas anns na h-uisgeachan, agus de gach nì beò, a tha 's na h-uisgeachan; nan gràineileachd bidh iad dhuibh."

HECATE: *Nan gràineileachd!* "Cha dèan sibh sibh fhèin gràineil," Peri, "le nì snàigeach sam bith a shnàigeas, cha mhò nì sibh sibh fhèin neò-ghlan leotha, air chòrr 's gun truaillear sibh leotha. Is e seo -"

PERIGEE: *Is e seo lagh nan ainmhidh!*

HECATE: *Bha mise ag iarraidh am pàirt sin a ràdh.*

PERIGEE: "Agus gach dùil a shnàigeas air an talamh."

55° 51' 49.36"т * 5° 16' 07.13"ı

9
PERIGEE

Tha mise ag iarraidh am Fasan a lorg ach tha mi ag iarraidh fhaighinn an toiseach. Feumaidh mi faighinn cuidhteas Hecate. Tha mi ga cur air falbh a dh'fhaighinn duircean-giuthais, agus an uair sin tha mi a' teicheadh eadar na craobhan agus a-mach à sealladh.

Tha mi a' cumail a' ruith, air mo shocair, a' cumail m' anail, gus a bheil mi dhen bheachd gu bheil mi air am Bràighe a ruighinn. Tha mi a' stad agus a' tionndadh mun cuairt, agus an uair sin a' dèanamh leum beag suas am bruthach gus coimhead sìos.

Tha mi a' faicinn an fhèidh.

'S e an sgian a' chiad smuain a tha a' tighinn thugam, tha mi ga faireachdainn nam phòcaid. Tha mi a' gluasad gu socair gu ruige a' chuirp; gu socair sàmhach, gun mhothachadh. Tha mi cinnteach gun do thuit e ach bhon uair sin thathar air a bhith a' gabhail dha.

Tha mi a' coimhead nas dlùithe, tha lot na h-amhaich mar dhoras fosgailte agus tha mi gu mòr ag iarraidh a-staigh air.

Chan eil fhios agam dè na tha de dh'ùine air a dhol seachad, ach tha mi a' faireachdainn a' ghluasaid - geoimeatraidh air a shàbhadh agus air a rolaigeadh a-mach air duircean-giuthais, le m' sgithinn seasgair na h-adhbhar fhèin. Tha mo bhuille-chuisle a' bualadh tromham agus tha àite aige ri dhol a-nis. Sgaradh - ach chan eil e fhathast ag innse dhomh.

Carson a tha thu a' toirt orm seo a dhèanamh?

Carson a dh'innis iad na sgeulachdan dhomh?

Chan eil mi a' cluinntinn Hec gus a bheil i mu thràth air stad agus air tòiseachadh air coimhead gu dlùth. Chan e taigh a th' ann.

'S e uinneagan reòite a tha anns na sùilean, chan urrainn dha barrachd fiosrachaidh a thoirt mu a dheidhinn fhèin. Tha fhios agam gum feum mi gnothaichean a dhaingneachadh. An e sin a dh'fheumas mi a dhèanamh?

Breab agus gearraidhean no dhà, chan eil am fuaim cnagachaidh ach beag.

55° 51' 45.17" T * 5° 15' 41.46" I

10
PERIGEE

Tha mi a' tilleadh bhon mhullach agus a' faighinn an rabhaidh. Madaidhean-allaidh aig a' gheata - ag iarraidh, ag iarraidh, air an ceangal ri chèile, ag iarraidh. Tha iad a' leum suas nuair a dh'fhairicheas iad m' fhàileadh.

Fuaim an t-sàibh air fàire. Bha bòtannan beaga Hec air an tilgeil anns a' ghàrradh, a' boillsgeadh gu dearg ann an dol fodha na grèine. Fuaim an t-sàibh, ag ithe a-rithist – am bad na mo làmhan. Tha na madaidhean-allaidh a' tarraing an anail, tha iad a' sgiamhail agus a' cromadh sìos ri taobh posta a' gheata. Fuaim an t-sàibh agus an othail bho bhroinn an taighe; tha Hec am broinn an taighe – a bheil i air dad a ràdh?

Tha mi a' togail mo chluasan agus tha mi a' plosgail leis na coin; tha an sprùilleach ri thighinn fhathast, ceòl cogaidh dhan chlaisneachd. Tha mi a' putadh a' gheata.

Tha Hec a' caoineadh, chan eil fhios agam carson a bhios i daonnan a' rànaich nuair a gheibh mise mi fhìn ann an trioblaid. Tha rudeigin anns an dòigh nach eil iad uile idir a' coimhead a-nall orm a tha a' cur an eagail air an fhiadh a th' annam.

> *Ruith, fhir a' bhaile mhòir, ruith.*
> *Marbh, fhir a' bhaile mhòir, marbh.*

Cha robh mi ach ag iarraidh na cnàmhan a ghlanadh. Bha mi ag iarraidh na cnàmhan a ghlanadh anns a' mhuir.

Cha choimhead iad a-nall.

"Cha robh mi ach ag iarraidh na cnàmhan a ghlanadh anns an t-sionc."

> *Agus bidh iad seo neò-ghlan dhuibh am measg*
> *na nithean snàigeach a shnàigeas air an talamh:*
> *an neas, agus an luch, agus an sligeanach a rèir a ghnè –*

Tha mi ag iarraidh a dhol a-null gus cuideachadh, an cuideachadh gus barrachd tuigse fhaighinn, ach tha mi a' cuimhneachadh air mo bhòtannan agus tha mi a' fuireach air a' bhrat-ùrlair.

> *Ith, fhir a' bhaile mhòir, ith.*

Cha robh mi ach ag iarraidh coimhead na bhroinn.

. .

HECATE

Tha sinn a' tiodhlacadh a' chinn anns a' ghàrradh. Tha Peri a' cur an aghaidh seo, tha Mam a' toirt dha an sgreadhail agus ag iarraidh air cladhach. Bhithinnsa air comharra na h-uaghach a chur ann, mar a tha mi air a dhèanamh airson eòin sam bith a lorg sinn no airson peataichean sam bith a bha againn. Chan eil duine sam bith a' toirt a' bheachd sin an turas seo, 's mar sin chan eil mise ach a' seasamh agus a' coimhead.

An dèidh sin, tha an càr air a lìonadh ann an sàmhchair. Tha mi a' cuimhneachadh air na rudan a b' àbhaist dhuinn a bhith a' dèanamh a h-uile bliadhna; Mam a' glanadh na frids, Dad a' stòradh fiodh-connaidh. Peri aig bonn a' ghàrraidh. Tha fhios agam nach bi sinn air ais. Tha ùine agam airson aon turas eile.

Tha mi a' ruith air an t-slighe cùil gus a bhith nas luaithe, a' dol tron achadh ìseal agus far na slighe comharraichte. Tha mi a' leum gus faighinn seachad air na freumhan a tha ann an snaimeanan a-staigh fo na duilleagan. Cò mheud turas a tha mi air seo a dhèanamh ann an dìomhaireachd, gun fhios agam carson chun an-dràsta? A' ghlagadaich nam bhaga-droma.

Tha mi a' leum a-steach dhan Bhràighe agus gam shadadh fhèin air an talamh. Tha fhios agam air an dearbh àite mu thràth, tha mi air faireachadh fhaighinn air mìle turas. Far am biodh a' Chagailt air a bhith, agus far a bheil i fhathast, tha mi a' cladhach.

An taigh seo, seo an taigh.

Tha mi a' cluinntinn gu bheilear ag èigheach orm. Tha mi a' cladhach nas doimhne a-steach dhan fhuachd. Tha mi a' tilgeil mo bhaga-droma far mo dhroma agus tha e a' dèanamh beagan fuaim fhad 's a tha mi ga fhalmhachadh. Tha an èigheach a' tighinn nas fhaisge orm.

Nuair a thilleas mi bidh an doras air a ghlasadh mu thràth.

55° 52' 31.92"т * 4° 17' 58.43"ı

11

HECATE

Aig beul na h-oidhche bhiodh iad a' toirt crathadh air a' phreasa: na h-iuchraichean a bha ro mhòr airson a' bhogsa agus a bha a' diùltadh a bhith air an cumail. Am fuaim a bha iad a' dèanamh. Agus mar sin thug mi leam iad agus bha aisling agam gun tug mi leam iad agus dhràibh mi chun an taighe anns an oidhche a chruthaich mi fhìn, gus do lorg an sin agus gus do leigeil mu sgaoil, gus do shaoradh bhon gheata. Gus cumail a' dol, far nach eil thusa, gus an dithis againn fhaighinn air ar tiodhlacadh agus air an tiodhlacadh agus mar sin air an lorg. Mar ghlag copair a' dol dheth gu fada a-steach anns a' choille, no air a seinn anns an trannsa. Tha cuimhne agam. Cho coltach 's a tha sinn ri glagan. Aig an aon àm air ar bualadh agus ar bòdhradh leis a' ghlagadaich againn fhìn agus gun sìon a chuimhne againn carson.

Nam b' urrainn dhomh do thogail, do thionndadh an comhar do chinn agus a-steach a dh'fhear eile. Dè an t-àm dhen bhliadhna a bha siud?

An t-Samhain. An sìol uile air tuiteam agus air an talamh: na h-iongan a ruaig sinn air ais gu ùrlar na h-aibhne, an achaidh, air ais dhan choille, gus iongnadh a ghabhail air ciamar a fhuair na h-àiteachan sin an ainmean agus ciamar a fhuair sinne cuideachd.

Agus mar a bhios sinn a' sgiamhail, mar na glagan.

..

PERIGEE

Carson a tha cuimhne agam oirnn ann an sgòth? Ciamar a chì mi an seòmar-suidhe ann am beàrn anns an adhar? Tha mìltean de sholais eadarainn, gar stiùireadh. Mìltean de sholais eatorra an uair sin agus a-nis agus an-dràsta.

Tha mi a' feuchainn air riaghailtean na coille a chumail nam chuimhne – na riaghailtean mar a chunnaic mi iad air bòrd an trannsa, an gleans a bh' air mar shiùcar loisgte a bhithinn a' piocadh. Soitheach glainne le iuchraichean agus buinn copair ann, buinn nam bheul. Blas fuil fhuar fhad 's a bha mi a' feitheamh aig an doras. Tha cuimhne agam orra a-nis, ann an sgriachail seann chluas an dorais; na riaghailtean ann am bualadh glainne, slugadh de chopar.

Chan eil dad a suidheachadh anns a' choille nach eil ann mu thràth, agus mar sin chan eil na mise.

55° 57' 26.37" T * 5° 18' 41.47" I

PERIGEE

Bha e mar gu robh sinn le chèile dha-rìribh air chall airson a' chiad turas; am fiaradh san rathad a thug ort tionndadh agus sleamhnachadh.

Faodaidh tu na slighean a leantainn air ais gu bàrr a' chnuic, gu àite far nach eil beathach sam bith a' sealltainn agus far a bheil tìm air gluasad oirre.

'S e am Bràighe a th' ann a-nis ann am Fasan na h-àm a dh'fhalbh – ìrean eadar-dhealaichte dhen aon t-saoghal, air an cumail le do cheann. An saoghal ann an claigeann fiadh òg, muir-làn na slige, an lag ann an cnàmh beag fhad 's a chumas e a shaoghal fhèin socair air oir na h-uinneig.

Dè an saoghal, dè am fiadh òg?
Am fear seo agus a h-uil gin aig an aon àm. Dè an taigh?
Na dhà dhiubh. Chan eil fhios agam. Na dhà dhiubh.

Fhuair mi thu anns a' choille agus cha robh mi ach ag iarraidh cladhach. Cha robh fhios agam gum faigheadh Hec an sin sinn buileach cho luath. Bha mi air feuchainn ri faighinn cuidhteas i anns a' choille ach bha i ro eòlach air an t-slighe. Chuala sinn na h-aon ghuthan ann an dòigh eadar-dhealaichte. Chuir e iongnadh orm nuair a thairg i cuideachadh – gun bhriathran, a bòtann. Aon làmh air crann na craoibhe, 's dòcha gun robh fhios aice gum feumainn seo a dhèanamh, ma dh'fhaodte gun robh fios aice fad an t-siubhail.

Ach thug rudeigin orra na bha i air a chur roimhpe atharrachadh anns an ùine a thug i leum aiste agus a ruith i air thoiseach, air ais tro na h-achaidhean chun an taighe. An gearradh deireannach, an sgaradh. A chuideam agus an cur à àite.

Shuain mi thu gu cùramach agus thug mi air ais leam thu. Am bu chòir dhomh a bhith air d' fhàgail? Am bu chòir dhomh a bhith air do thiodhlacadh an sin? An e do chraic-sa a bh' ann no an e mise a bha craicte, a' coprachadh anns an fhuil?

Bha rudeigin aig an taigh a bha mi ag iarraidh gum faiceadh tu – grunnan shligean a' bragadaich, cnàmhan-pòsaidh a' cabadaich a h-uile turas a choisichinn seachad orra. Bha fhios agam gun robh na saoghail sin agus na saoghail againne a' suathadh ann an dòigh air choreigin, agus mar sin thug mi thu thuca. Agus anns na gnìomhan beaga sin thug mi sinn uile gu chèile agus sgar mi mi fhìn aig an aon àm; a-mach a-rithist do chuan nan achaidhean, sreathan tiodhlaicte de chnàmhan agus de dh'fhiodh a th' air a ghearradh.

Thionndaidh Hec a cuibheall agus chrath i a ceann agus bha mi air mo sgaradh bhuapa mar a bha fhios agam a dh'fheumainn a bhith.

55° 52' 21.65" T * 4° 18' 10.56" I

HECATE

Badan de chraobhan cònach, air an cur a dh'aona-ghnothaich – sìn do cheann orra. Bad luachair trìd-shoilleir, mar ghrìogagan dearga sa challaid. Litir a chaidh a chur gu dòigheil, a' tuiteam an àiteigin air cùl dorais cuide ris na damhain-allaidh.

Fuaim nan soidhnichean rathaid anns a' bhaile mhòr a' sruthadh tron chadal luasganach agad, a' tionndadh na cheilearadh eòin. Tha thu anns an taigh-bhruadar air a dhèanamh leis an dìle, coille nan sgòthan a' crochadh os cionn d' àite-sa air an stairsneach. Coimhead suas na bhroinn agus chì thu an dithis againne a' sealltainn gu dlùth ort, bòtannan a' crochadh sìos dhan ghàrradh. Tha thu ag èirigh agus a' dol a-mach le do lìon, ga chrochadh ri geug craoibhe gus an t-eun a ghlacadh innte. Tha thu a' feitheamh gus an snàmh e seachad; tha thu ag iasgach airson eòin.

Tha dòigh nas fhasa ann seo a thuigsinn. Freagair an litir.

..

PERIGEE

Bha thu riamh math air rudan a dhèanamh, Hec. B' urrainn dhut loidhne a chomharrachadh air ùrlar a' chidsin agus chithinnsa gun robh thu ann an àiteigin eile, a' cur charan dhe do chuibheall fad uair a thìde agus b' urrainn dhut rud a dhèanamh nach fhaiceadh duine eile fiù. An robh sin a' ciallachadh nach robh thu ag iarraidh gum bithinn faisg ort, neo nach robh feum agad orm? Uaireannan, dh'fhaodainn do dh raghadh air ais – chanainn gun cluicheamaid gèam no gun rachamaid a shabaid – agus thionndaidheadh tu mar gun robh thu air dùsgadh à rudeigin agus mhothaicheadh tu dhomh.

Am bu chòir dhomh a bhith air d' fhàgail, Hec? Am bu chòir dhòmhsa a bhith air fàgail?

55° 51' 45.17" T * 5° 15' 41.46" I

14
HECATE

Tha mi a' tuiteam tro na fuaimean, tha a h-uile loidhne-dìon a' faireachdainn mar gu bheil iad a' toirt ionnsaigh orm. Tha mi a' tilleadh, ga shluigeadh a-rithist.

"Th - tha - mi – a' a' -"

Tha litir eile a' tighinn thugam, air a bualadh ann bhon aibidil, an t-earball eadar na fiaclan.

"Ch -Chai -"

Chaidh sinn a-steach dhan choille agus fhuair sinn am beathach. Chaidh sinn a-steach dhan choille agus mharbh sinn am beathach.

"Dè fear a th' ann?"

Na dhà dhiubh. Chan eil fhios agam. Na dhà dhiubh.

55° 51' 45.17" T * 5° 15' 41.46" I

15
PERIGEE

Tha a guth nam cheann; tha e anns an oiteag gaoithe a tha gam ghlacadh fhad 's a tha mi a' leum seachad air a' gheata, le fuil nan dearcan a' fàgail làrach air mo bhòtannan. Chan eil fhios agam cuin a thòisich mi air a chluinntinn an toiseach. Tha i ag iarraidh seo. Tha i ag iarraidh gun till mise dhan Fhasan, gus an lorg mi an rud a bha fhios aice a bha riamh ann an siud.

Ach tha mi sgìth agus chan fhan an dìle bhuam. Thàinig mi a-steach airson fasgadh fhaighinn, ach cha robh mi a' smaointinn. Tha mullach an taighe a' sileadh agus na ballachan cuideachd, tha na seòmraichean a' lìonadh le uisge bhon taobh a-staigh.

Tha nead ghlainne a' phoirdse a' leaghadh dhan taobh a-muigh. 'S ann a-mhàin an uair sin a tha mi a' mothachadh gu bheil na cnàmhan air falbh – tha beàrn air oir na h-uinneig, chan eil an dust buileach cho lìonmhor.

Tha mi a' ruith air slighe air nach b' aithne dhomh gu robh mi eòlach. Tron achadh ìseal agus a-steach dhan choille. 'S e taibhs an t-seilean a th' annam a' tilleadh airson a ghath. Carson a tha cuimhn' agam air an seo? A-steach dhan Bhràighe leis an lic a leag an t-òganach agus chun an Fhasain, chì mi e a-nis.

Tha mi a' faireachdainn buille-chuisle bhon taobh eile, a' dol air mo ghlùinean agus a' cladhach. Agus an salchar seo, an ùir a tha seo, tha e gu math nas motha na rud sam bith a bhiodh air a ghlanadh air falbh.

Tha an ùir a' tuiteam às a chèile air sgàth mo chorragan agus tha i a' dùnadh mun cuairt orra. Tha mi a' bogadh a-mach 's a-steach à tìm dùmhlaichte, cuimhne nam fèithean aig an àite seo. Tha doras shìos an siud. An taobh thall dhe, tha rudeigin a' tarraing anail.

Tha mi a' dol fodha nas doimhne, a' mothachadh ballachan tiodhlaicte, crìochan nan suain.

Am biodh seilear air a bhith ann? Ma shireas mi tùsan an seo, ciamar a shir iadsan na tùsan acasan? Cuin a bha a' chiad staidhre ann – an deach i suas no sìos? An e mise a th' innte?

Tha mi a' laighe sìos a shireadh a' Chagailt. 'S ann leothasan a tha na freumhan a tha a' sgaoileadh a-mach. Tha mi a' dol sìos gu mo ghuailnean gan lorg, corragan beaga bìodach cloiche a' suathadh rium: na cnàmhan, an taigh air a' chnoc agus an taigh na bhroinn.

Chan eil anns an Fhasan ach doras a tha gad thoirt gu taigh eile. Tha am fear eile nam bhroinn fhèin.

55° 53' 02.76" т * 5° 16' 09.44" ı

16

HECATE

Tha thu a' ruighinn mullach a' chnuic, a' tionndadh chun na làimh chlì aig a' chrois-rathaid agus a' cur do làmhan air deirge aoibhneach a' bhogsa fòn. Tha thu a' draghadh an doras fosgailte. A' cur stad air a' ghlagadaich, ga bhriseadh na dhà leth.

Agus anns a' ghliong a tha siud, tha thu dhachaigh.

"Peri…? An d' fhuair thu e?"

"Chaidh mi ann agus…"

"'S tu a th' ann."

"Seadh…"

"Gabh d' anail."

"Bha dùil agam nach fhaicinn idir thu. Cha mhòr gum b' urrainn dhomh tighinn."

"Bhithinn air feitheamh riut. Nach do fhuirich mi?"

"Bha fhios agad air an sin fad na h-ùine seo agus cha do dh'inns thu dhomh."

"Bha mi ag iarraidh innse dhut ach chanèisteadh tu. Tha ùine mhòr air a bhith ann."

"Cha robh mi ga chiallachadh idir, cha robh fios agam."

"Cha robh dòigh gum biodh fios agad; chan eil e gu diofar a-nis. Bha mi ag iarraidh gum faigheadh tu iad dhut fhèin. An robh iad fhathast ann?"

"Bha, bha e dìreach mar a thuirt thu a bhiodh e. Ach cuin a bha thu an seo?"

"Bho chionn fichead bliadhna, mar a bha thu fhèin."

"Agus cha robh on uair sin? Hec?"

"Cha robh."

"Ciamar a bha fios agad gum biodh iad fhathast an seo? "

"Eadhon nam biodh iad air gluasad beagan, bha dùil agam nach biodh iad air a dhol fada sam bith. "

"Ach bha thu fìor dhèidheil air na cnàmhan beaga ud, b' e siud an cruinneachadh agadsa."

"Nas fheàrr gu bheil iad air an tiodhlacadh an siud na iad a bhith marbh air oir na h-uinneig. Bha fhios agam nach biomaid air ais."

"Thuige seo. "

"Cha b' fhuilinginn e gum biodh iad a' feitheamh aig an taigh an dèidh dhan h-uile rud briseadh, eil fhios agad?"

"Tha mi duilich nach tuirt mi mòran mu dheidhinn riamh."

"Chan eil e gu diofar a-nis. "

"Carson a thiodhlaic thu na cnàmhan ma-thà?"

"Gus dèanamh cinnteach gun tilleamaid."

55° 51' 48.19" T * 5° 15' 55.59" I

HECATE

Theirig dhan achadh seo ann am meadhan na h-oidhche, bi treun agus suidh.

Cha ghabh an cnoc a tha air do làimh dheis fhaicinn an-dràsta, tha e ga chumail fhèin dìomhair. Nach robh a' chuairt a ghabh thu chun an Fhasain na bu tràithe a' ciallachadh dad dhut? Bha cuimhn' agad air an t-slighe, tro na craobhan chun a' Bhràighe. Na rudan a bha dùil agad a bha agaibh le chèile-cnàmhan, tuigse air Tuath – tha iad a-nis air an sluigeadh dhan adhar. Mar as fhaide a shuidheas tu, 's ann as socraiche. Leig le do shùilean fàs cleachdte ris. Tha a h-uile rud an seo a' cothromachadh.

Smaoinich air do phiuthar. Nuair a thill sibh dhachaigh bho na saor-làithean gu barrachd astair, gu rud mu nach fhaodte bruidhinn air. Dh'fhaighnich i dhut agus chaidh thu às àicheadh – a bheil cuimhne agad? Gus an do dh'fhalbh thu, bliadhnachan an dèidh sin. Feumaidh gun do dh'fhàs an t-astar na b' fhaide anns an ùine sin, ach cha do rinn thu uiread de mhothachadh air 's a rinn nuair a bha thu ann, na do thost. Agus tha na litrichean a chur i gus toirt ort tilleadh, a' cur nad chuimhne na chaidh a chall.

Theirig dhan achadh seo ann am meadhan na h-oidhche, airson a bhith treun agus feitheamh gus am fàs thu cleachdte ris.

Tha an dìle a' tòiseachadh a-rithist, tha thu fuar mu thràth. Laigh sìos, còmhdaich d' aodann le do chnòcaid agus leig leis an ùir dorchnachadh mun cuairt ort. Dòchas gum fan an t-acaire trom. Rolaig coltach ri pàiste, coimhead airson solais a' chàr eadar na craobhan air fàire agus dèan tomhas air dè an uair a tha e. Smaoinich air seòmraichean an taighe a-nis, leth-ghlas agus falamh às d' aonais – smaoineachadh air casan fuara agus tòst loisgte, ag èirigh tràth nuair a tha i fhathast dorcha. *Chaidh sinn dhan choille.*

Tha thu a' tionndadh air do dhruim dìreach, leig leis an dìle suidheachadh mun cuairt nan ainmean a tha thu air dìochuimhneachadh bho chionn fhada: furcula, Taigh na Bruaich; àirigh bheag, àirigh mhòr. Faileasan reòthaidh aig d' amhaich.

Bi treun agus fosgail do shùilean – tha an dìle a' tuiteam thugad bho cheàrn cas. Tha dorcha glas an adhair a' strì le rudeigin – a' mhadainn. Tha smuain eile a' fosgladh nad eanchainn, gum faodadh cuideigin d' fhaicinn mar seo, a bhith air do ghlacadh. Cuir às dhan smuain. Tha an latha a' priobadh nad stamaig.

Cha mhòr nach eil i soilleir gu leòr a-nis agus tha i air sguir a shileadh. Suidh suas, cuimhnich far a bheil thu. Tha thu ann an dealbh geamhraidh, a' crochadh os cionn an teine ann an seòmar beag ann an taigh-òsta a-muigh air an dùthaich. Tha thu am falach gu domhainn ann am murt geamhraidh; cnàmh peircill a chaidh a lorg, ann an cràdh le cuimhne air marbhadh an t-samhraidh. Tha am fàileadh gad chur an dara taobh: till air ais, bi socair.

Seas: tha thu a' tuigsinn an astair a-nis. Mar a gheibhear air ais bhon choille. Litrichean bho do phiuthar; fathannan anns an dorchadas. Lean an fheansa agus thig chun an fhrith-rathaid.

Agus a rèir chùisean, an rud nach b' urrainn do rud sam bith eile a shealltainn.

PERIGEE

Bha mi fhathast aig muir; agus bha a' mhuir na pàirt dhen taigh. Thug an t-eun-mara anns a' bhaile mhòr air ais mi. Lean mi e, thug e mathanas dhomh. Thug mi leam na h-iuchraichean.

Tha coire a' goil an àiteigin, dearg seasmhach aig dol fodha na grèine. Tha an taigh gam chòpadh a-steach dhan ghàrradh gus rolaigeadh air falbh fo na stuaghan, fo ìrean a' phàipear-balla a dhragh sinn far a' bhalla tron oidhche.

A' laighe gu socair ann an suaile an t-seòmair-chadail, an glag a' gluasad bho thaobh gu taobh agus sùil an fhèidh òig a' dealradh. Stuaghan ag èirigh mun cuairt air cnoc àrd, a' dol na thrannsa a tha mi air mo sheinn sìos agus air mo chur dhachaigh, tha mi air mo sheinn.

Gnogadh dhe do cheann, Hec, tionndadh air do chuibheall. Sin na thug e dhaibh gus do chreidsinn. Ach chunnaic mise do mhiotag air a' chraoibh fhad 's a bha mi a' sàbhadh le mo sgithinn, a' bhreab bho do bhòtann beag, a bha dearg a-cheana.

An rud nach tuirt thu. Gum b' e thu fhèin a bh' ann a' cheart uiread riumsa. Dè na pàirtean dhinn fhìn a thiodhlaic sinn ma-thà, Hec: b' e mise an radan air a' phlaide, b' e mise an glag a bha air chrith.

Tha càr a' snàigeadh tro na craobhan chun an taighe agus chan fhaigh e lorg orm an seo.

HECATE

Tha thu a' faireachdainn gu bheil an glag a' gluasad bho thaobh gu taobh, tha thu ga fhaicinn eadar na craobhan, a' bualadh anail bhlàth air ais agus air adhart, a' cur anail a' chopair tron choille. Solais a' gheamhraidh a' dealradh bhon bhroilleach ghluasadach aige agus a-steach dha do shùilean.

Tha thu deich bliadhna a dh'aois, a' leughadh ri solas biùgain. 'S e soitheach ann am botal a th' annad fada bho thìr.

Ciamar as urrainn do bheatha a bhith beò ann an cnogan glainne no ann an coille fhosgailte?

Tha fiadh òg a' dùsgadh anns a' bhlàths fon ghlag. Leig leis gluasad fhad 's a tha thu a' leigeil sìos nan siùil, gus coinneachadh ri gaoth air a bheil teòthachd an òir.

Bhon latha a thiodhlaic mi na cnàmhan tha mi air bruadar ann an dà dhòigh. Agus a-nis, 's e an taigh fiodh an taigh agus 's e baile mòr na clach-ghainmhich an gleann coillteach agus tha sinn dhachaigh.

Tha sinn anns a' choille, tha sinn a' cuartachadh na coille, 's e sinne a' choille.

Tha madadh-allaidh a' suidhe gu socair ann an diosc crèadha, a' crochadh air pàipear-balla dìtheanach. Tha mise a' dol mun cuairt 's mun cuairt ann an achadh.

Na rudan as motha a bhios a' cur an eagail oirnn, 's iad as luachmhoire dhòmhsa.